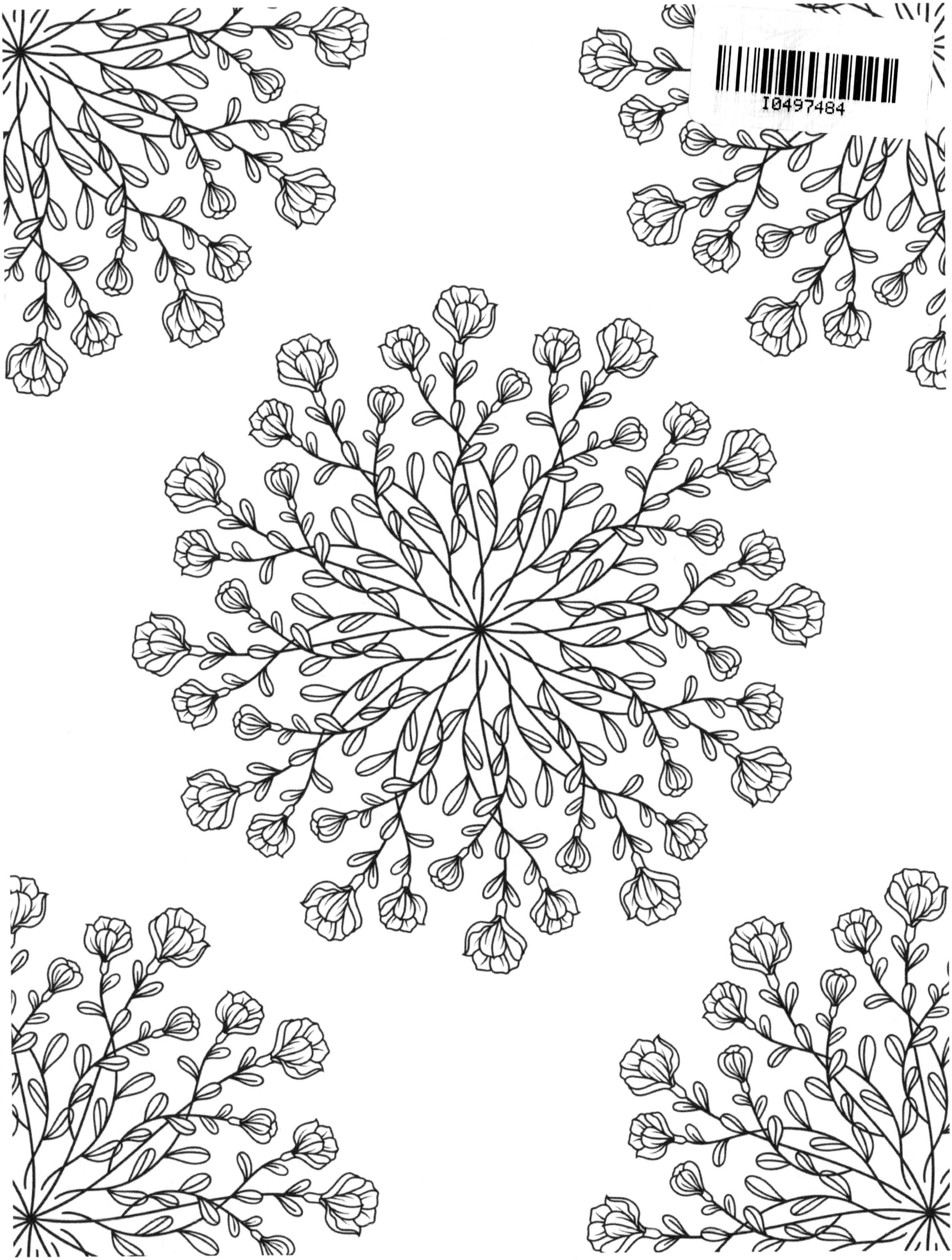

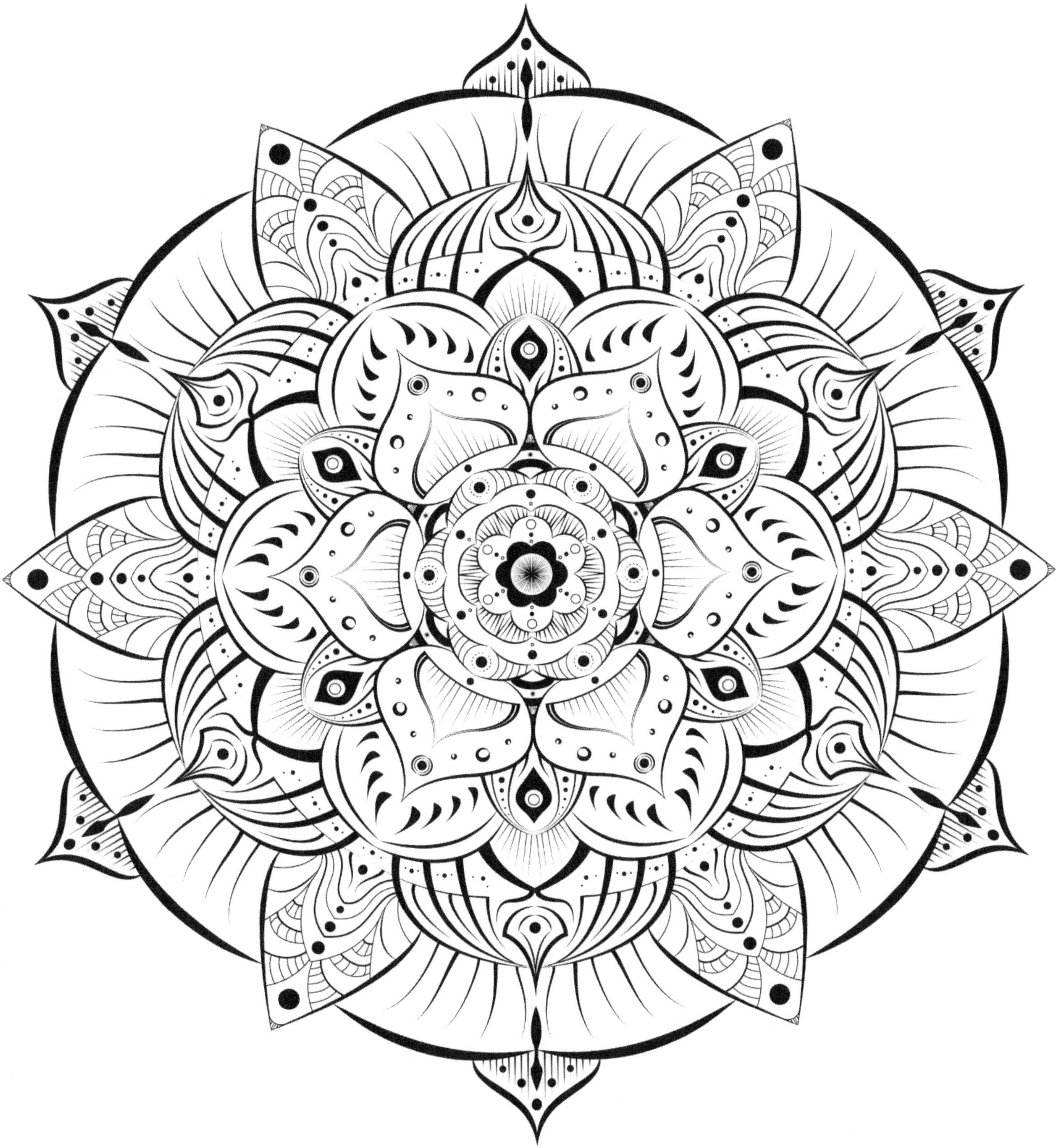

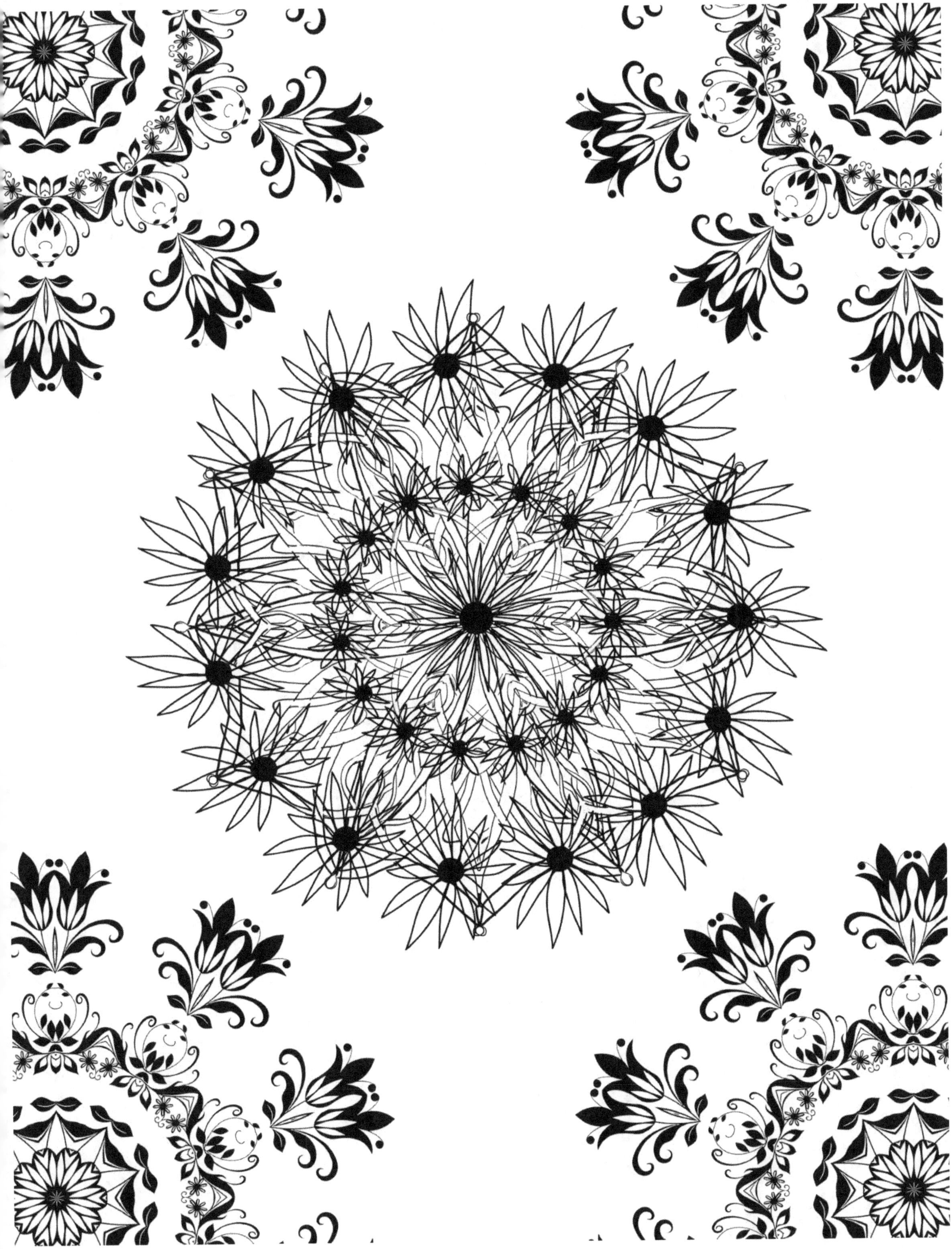

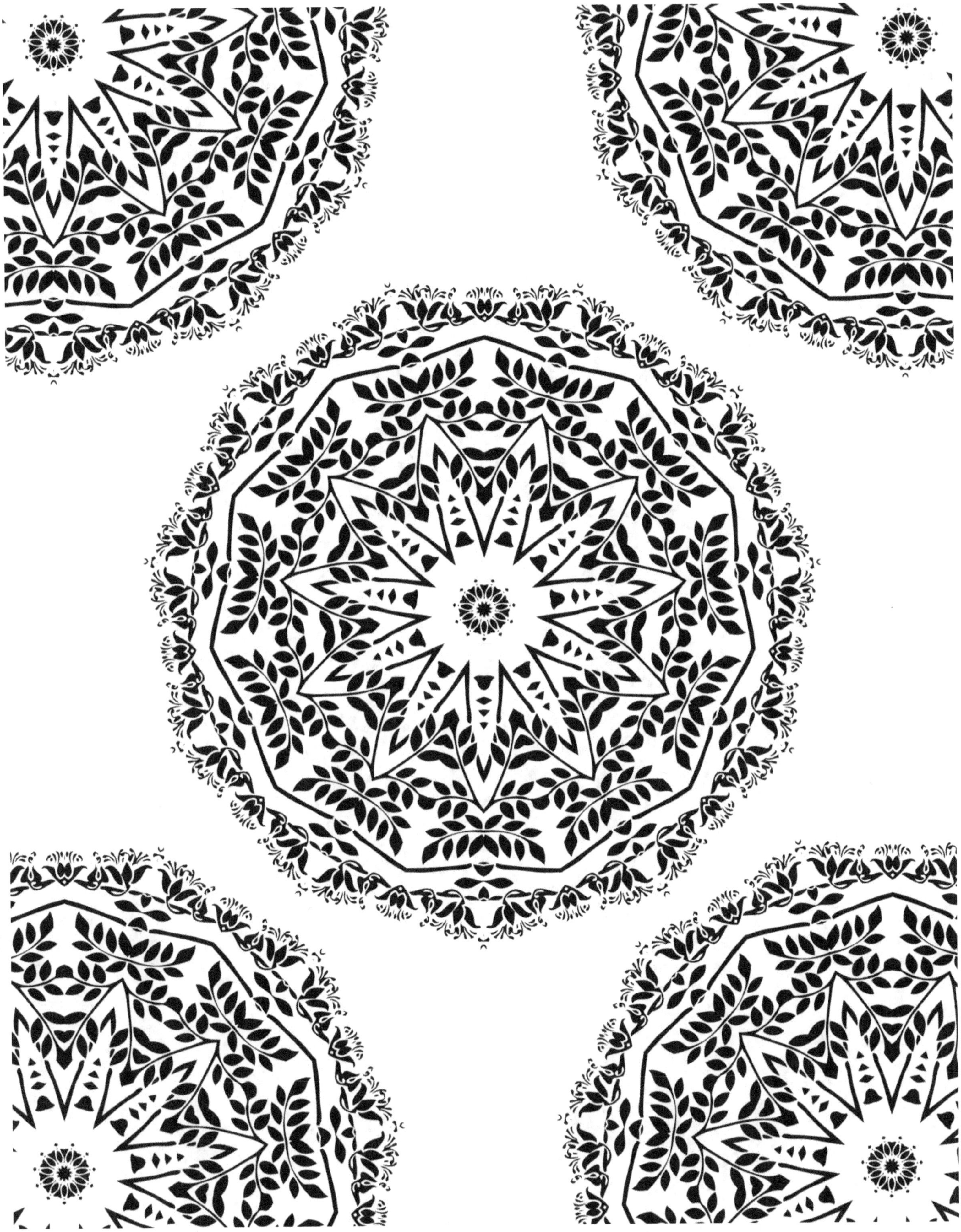

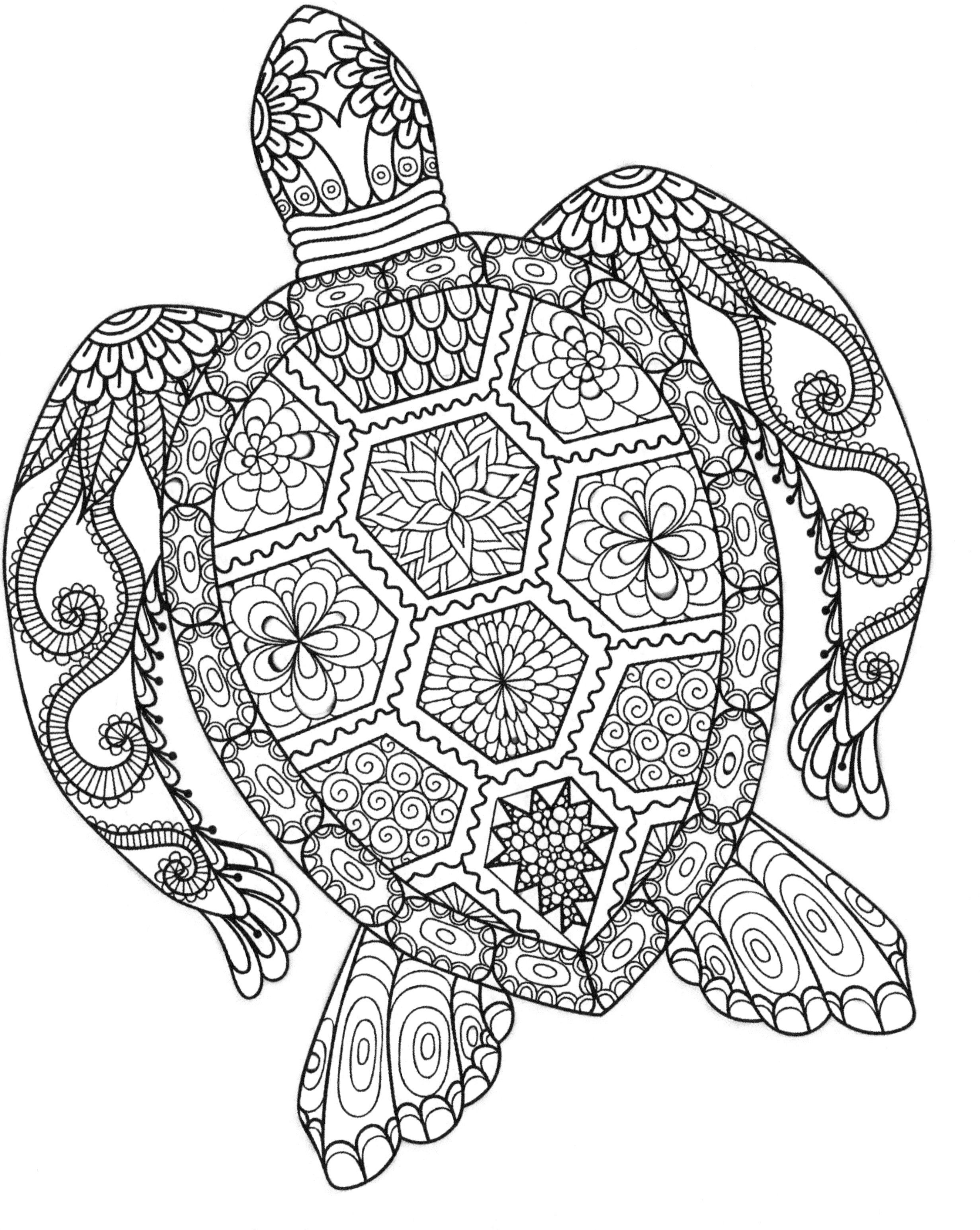

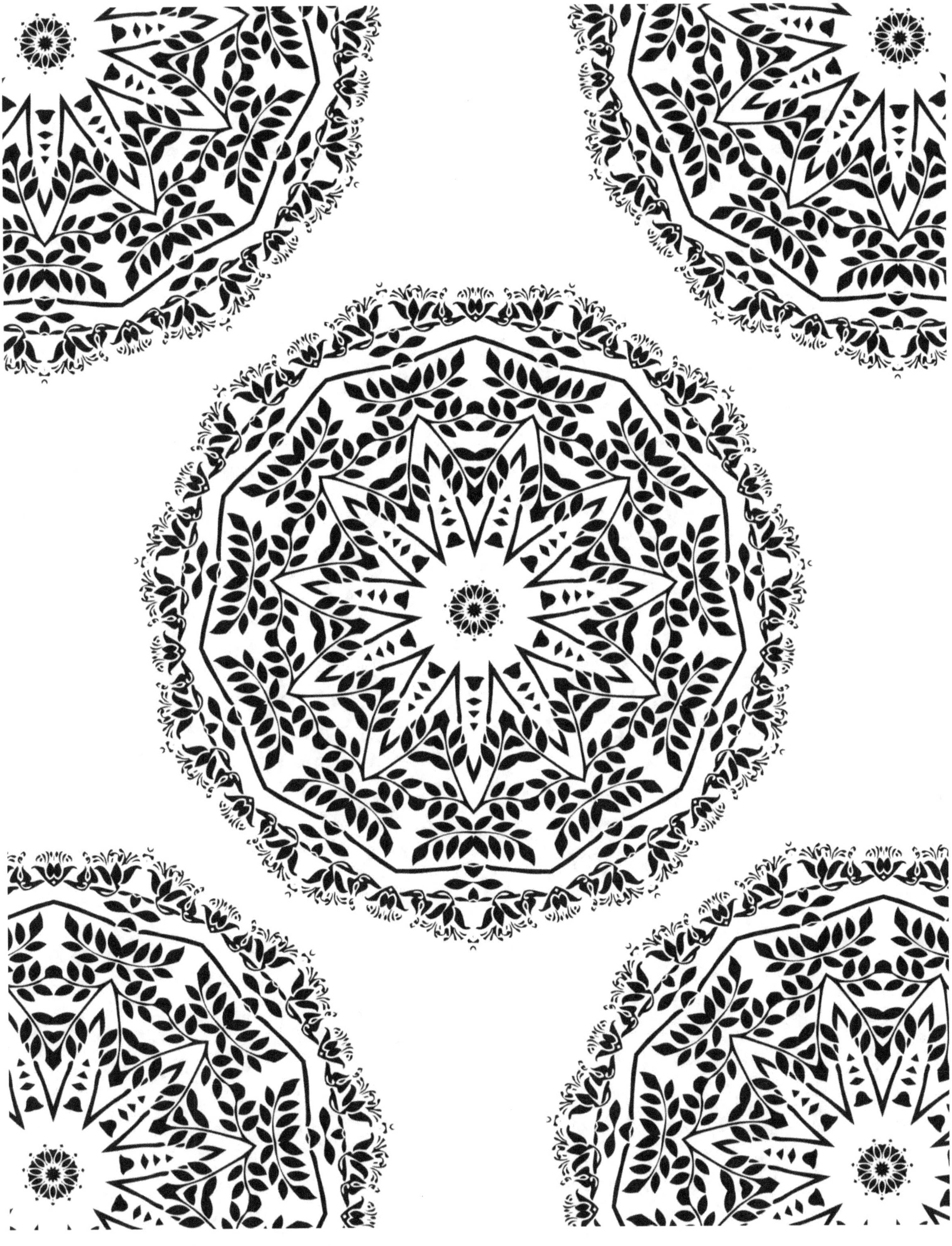

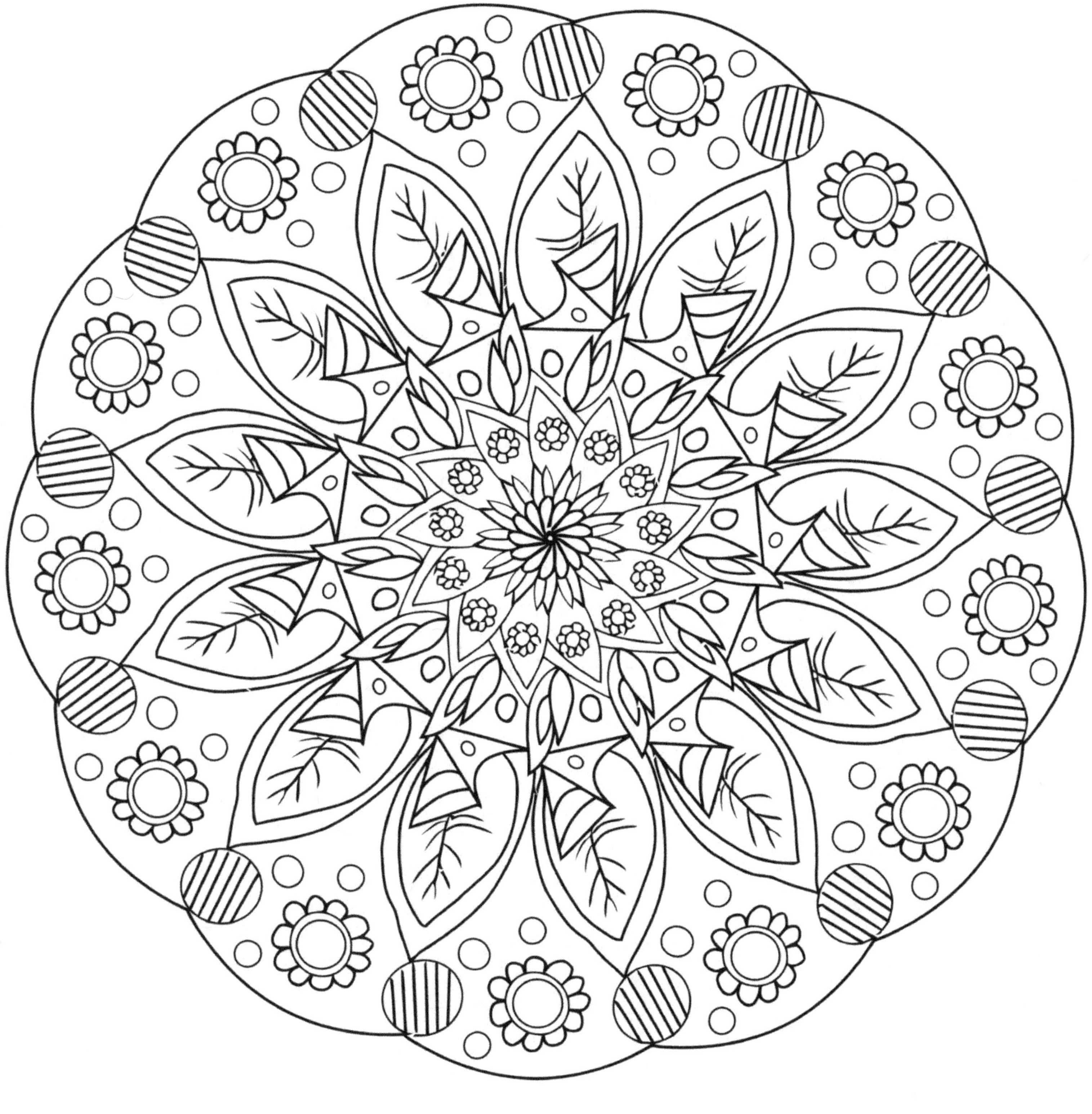

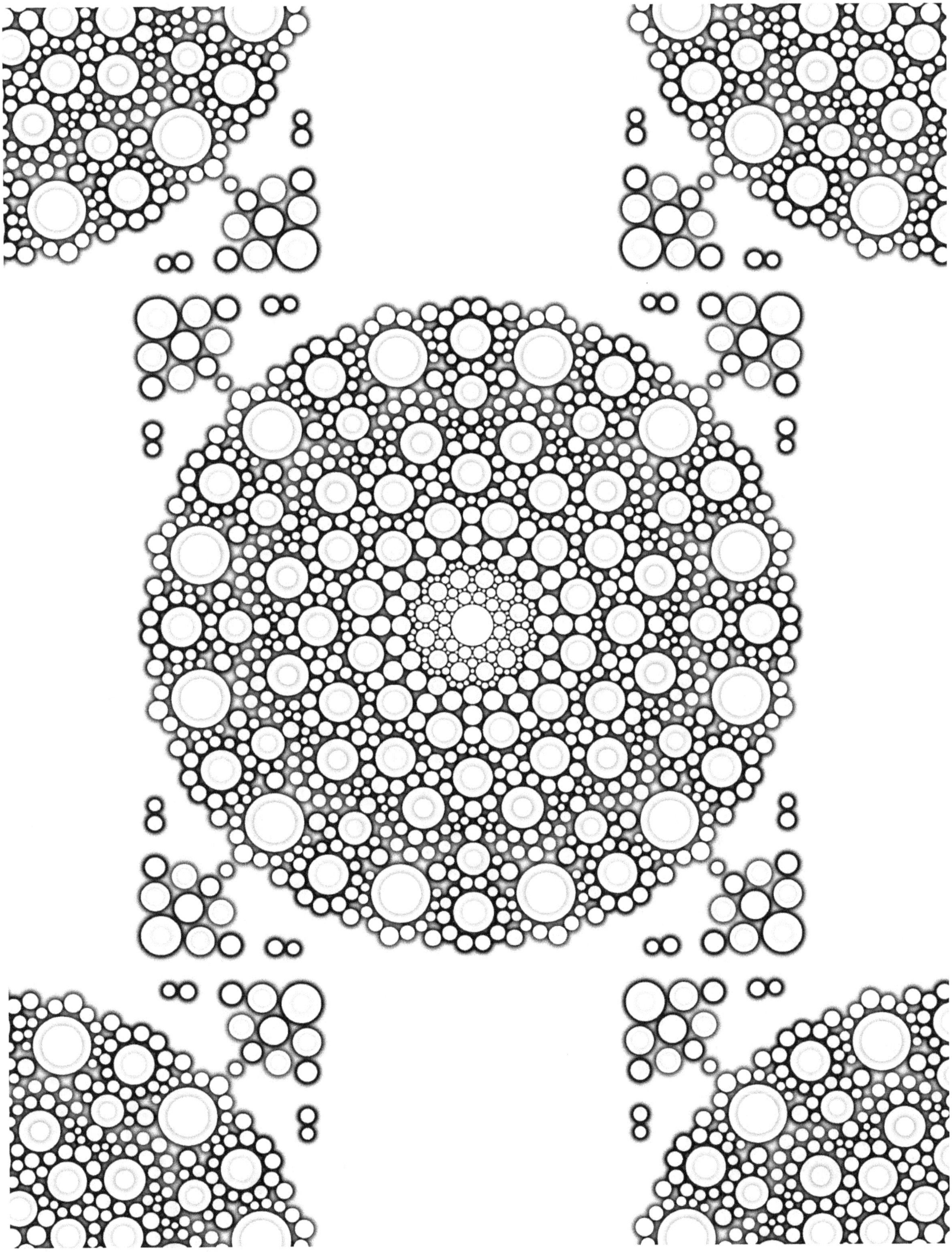

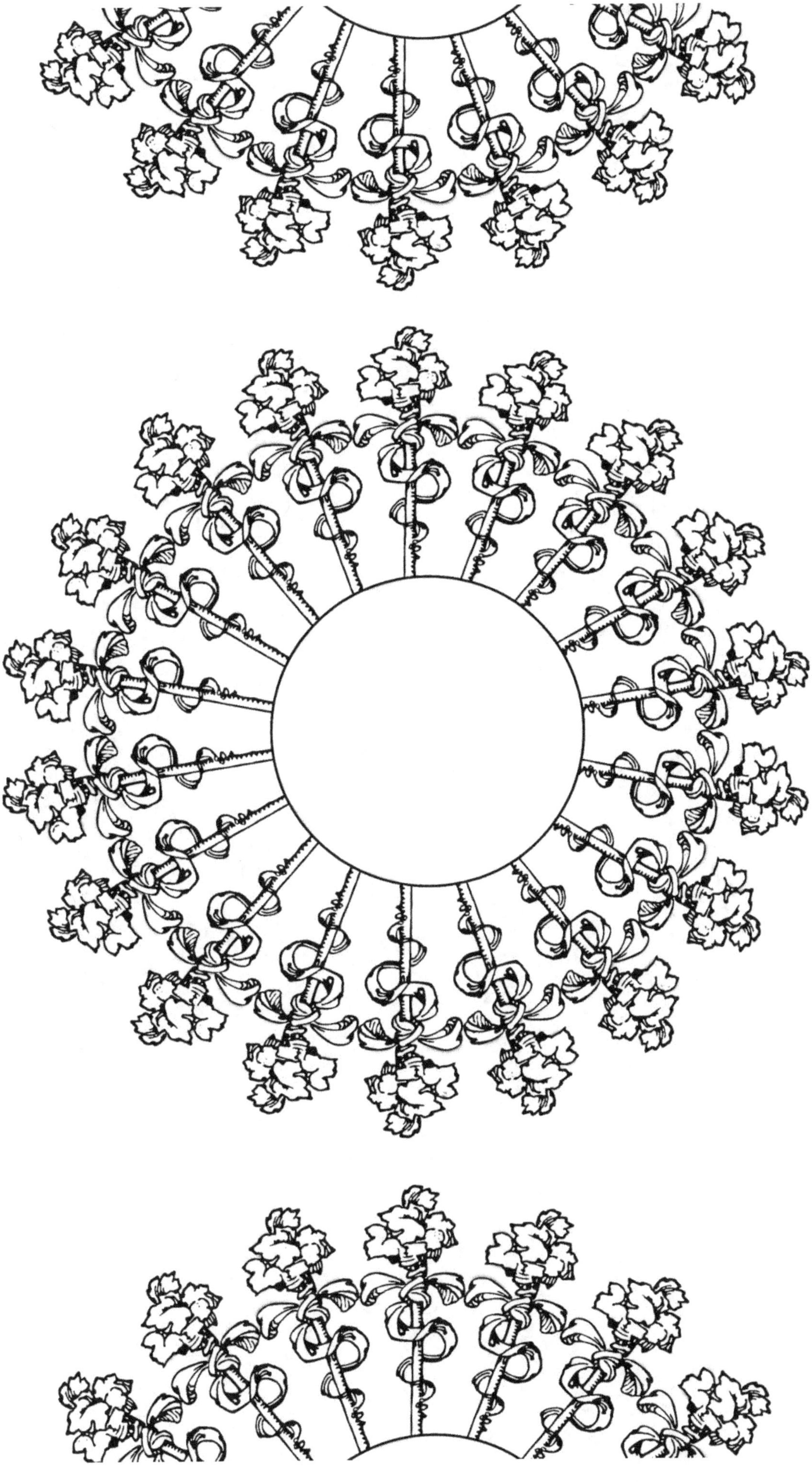

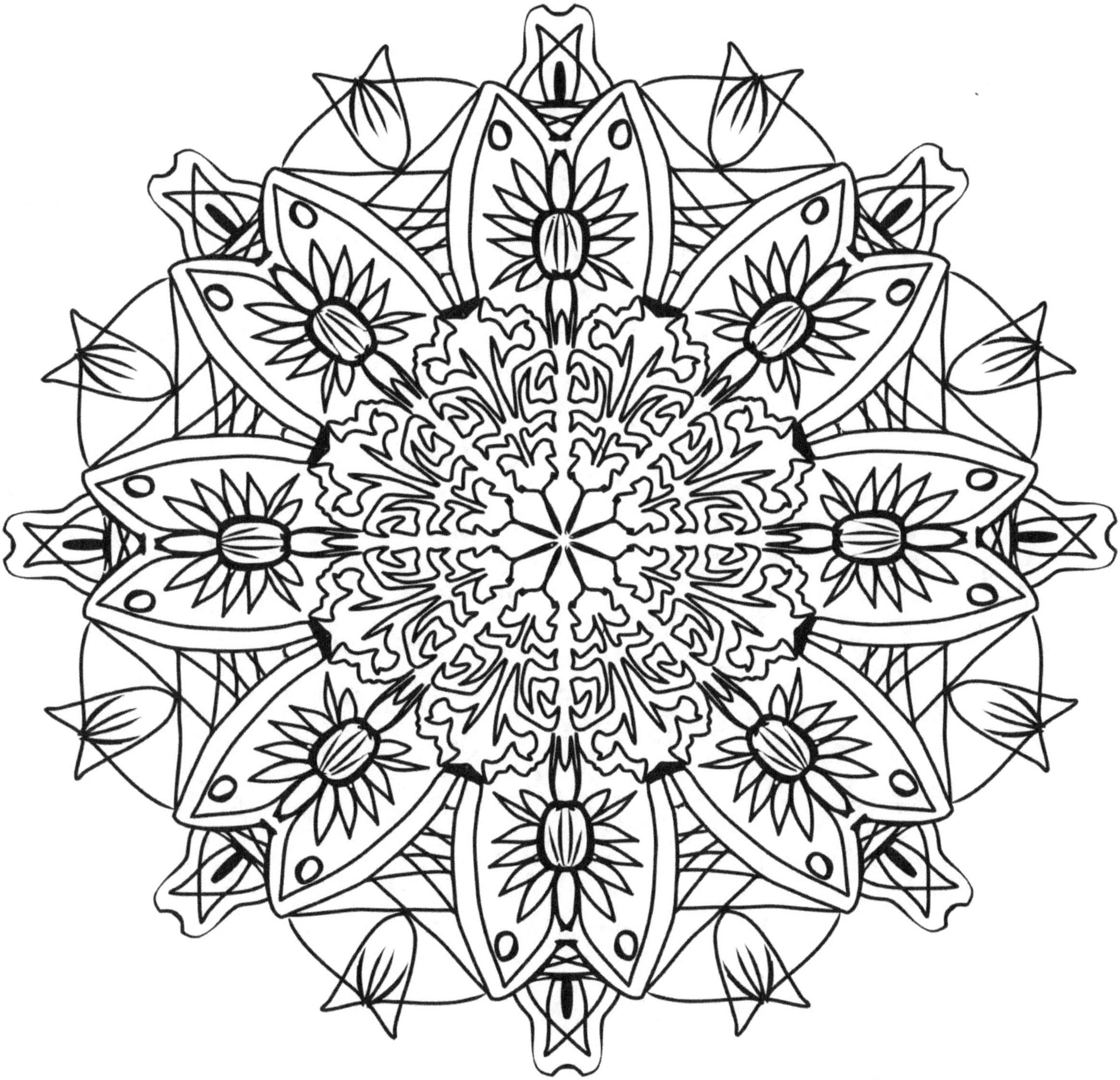

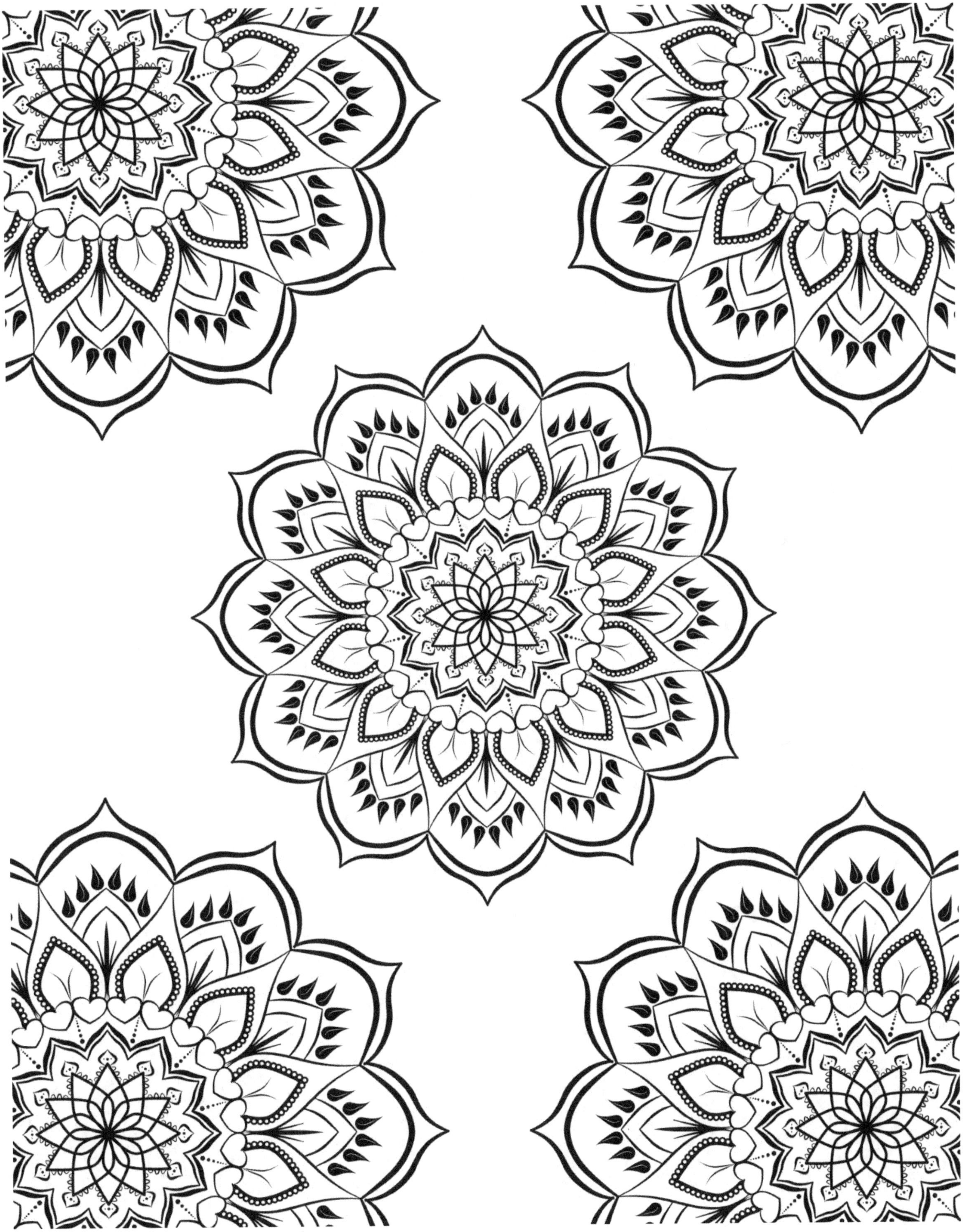

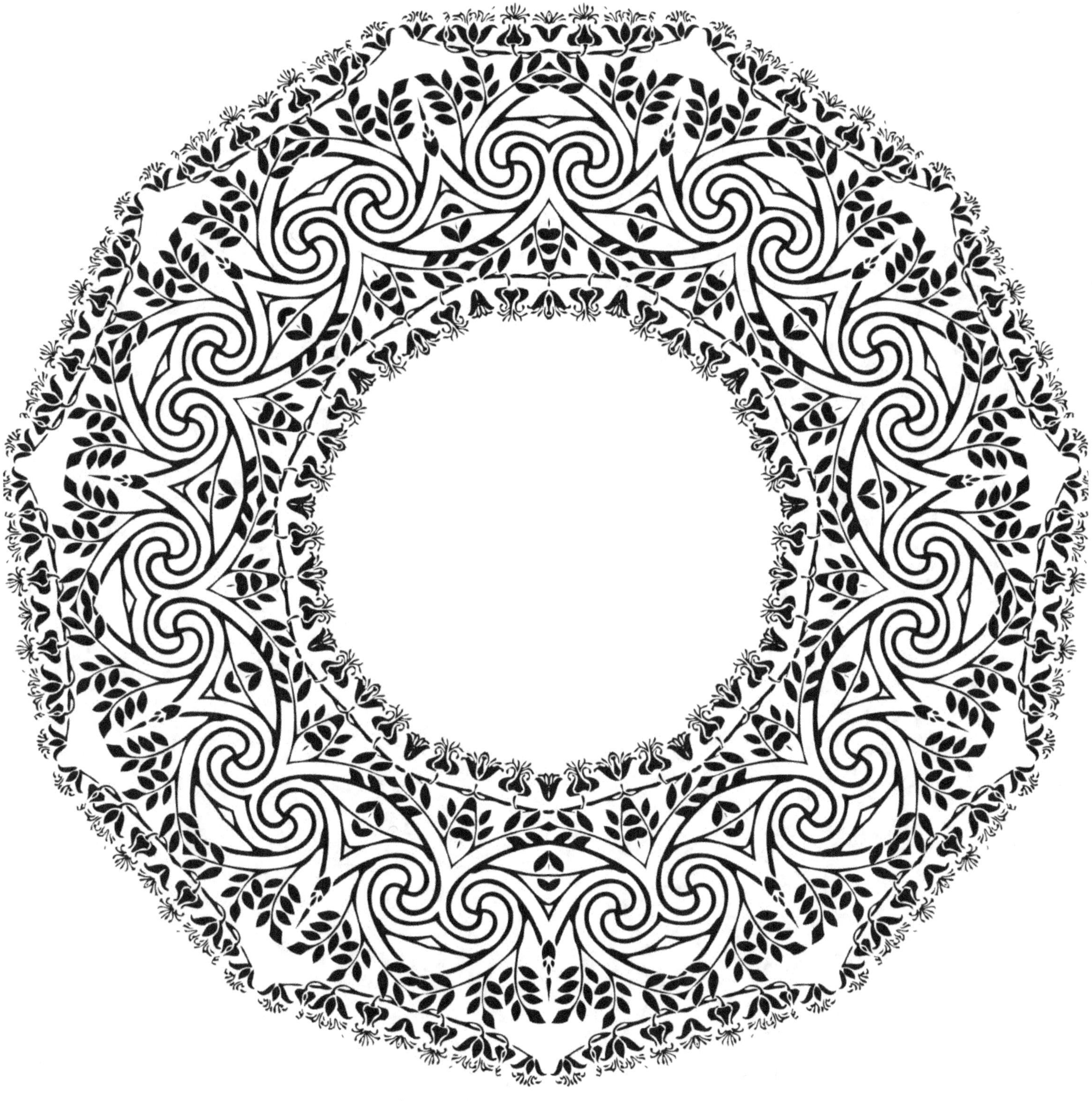

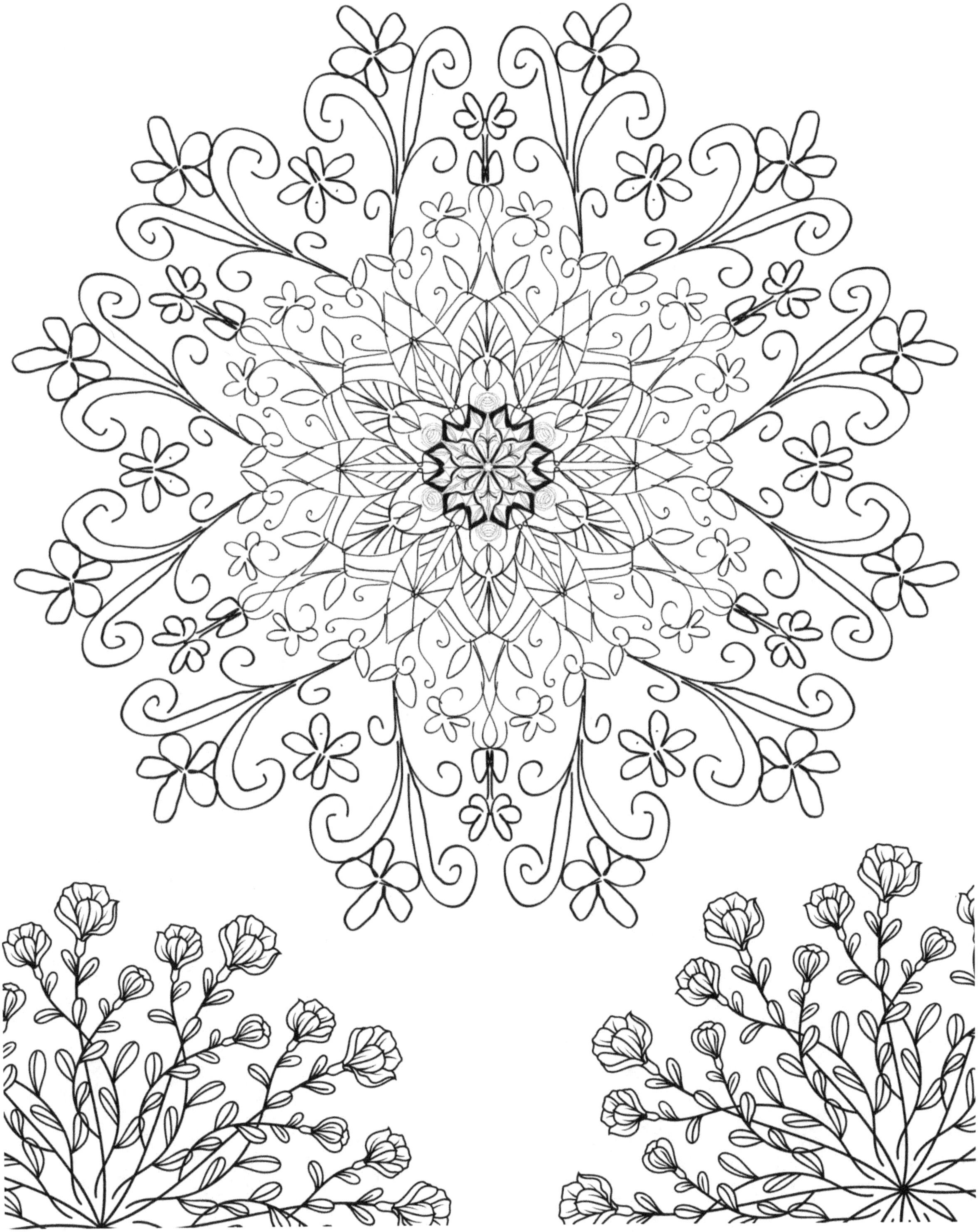

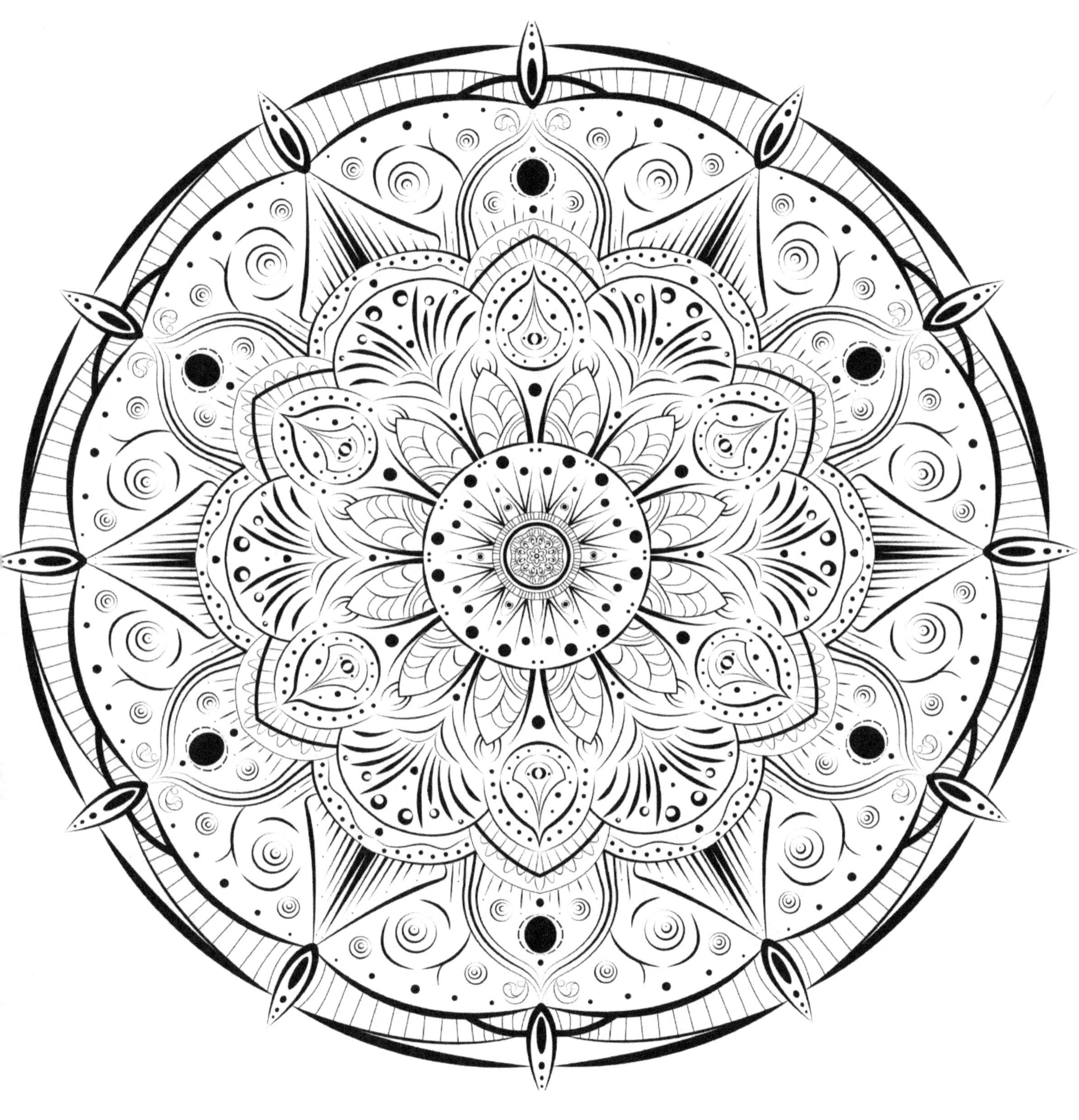

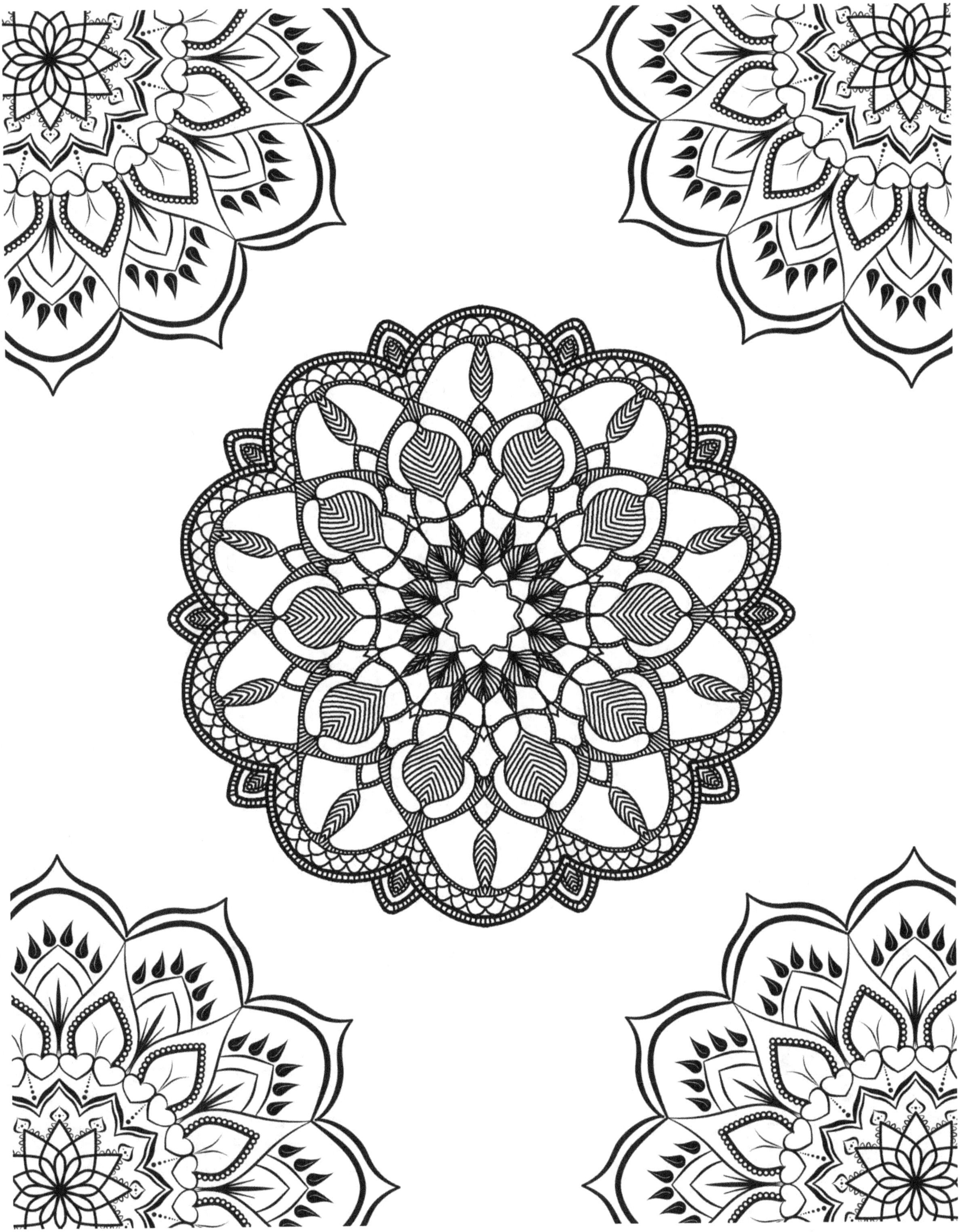

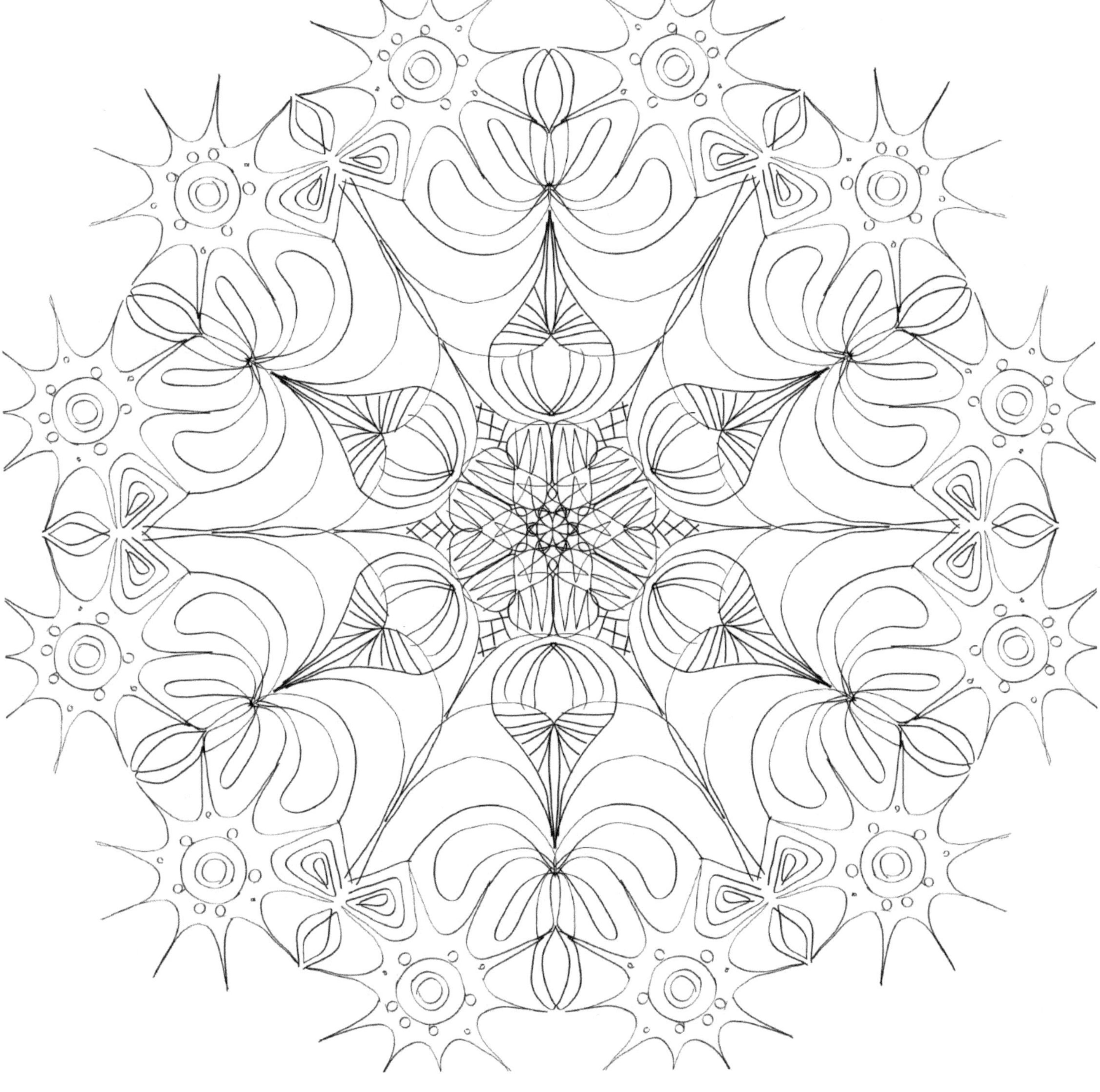

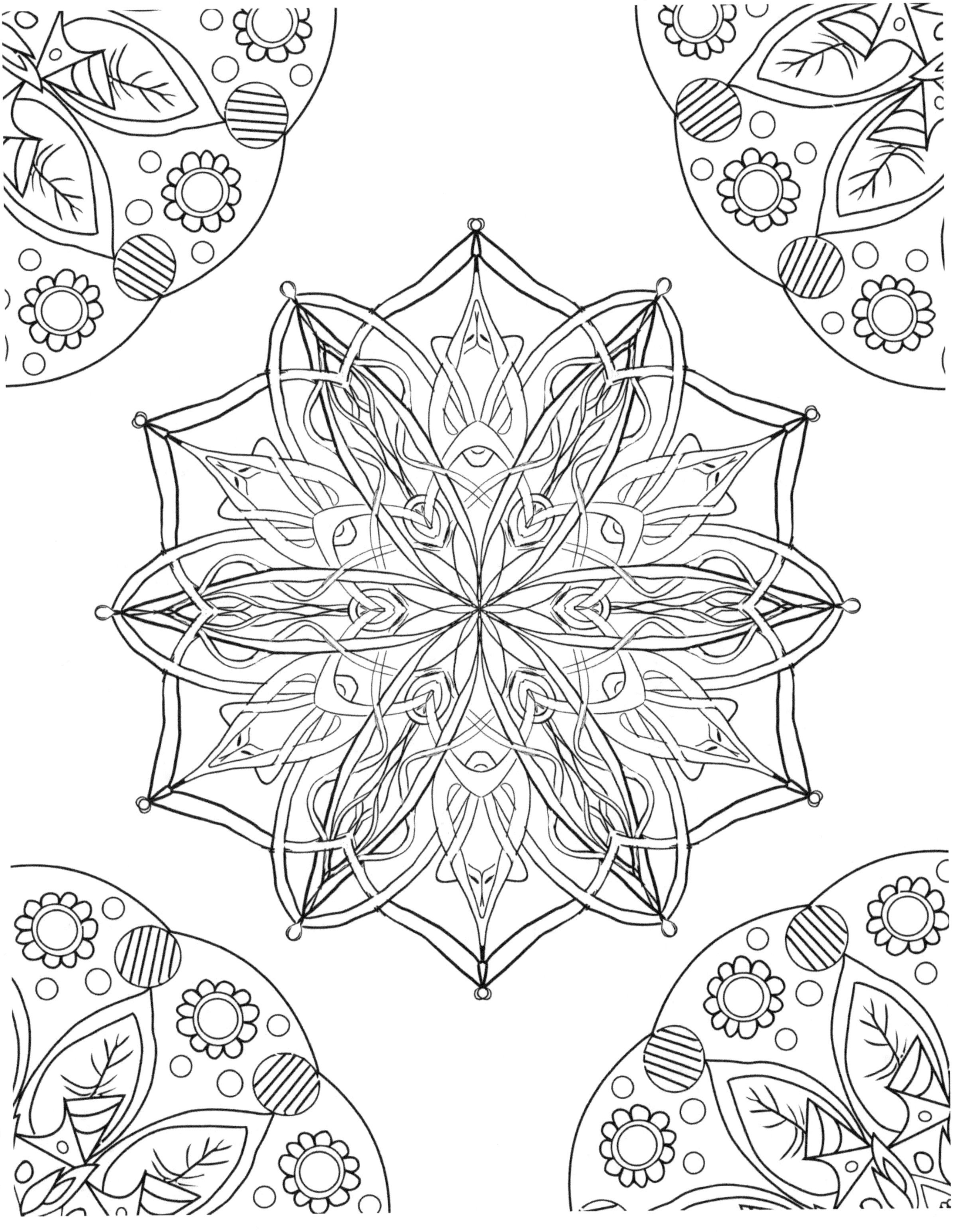

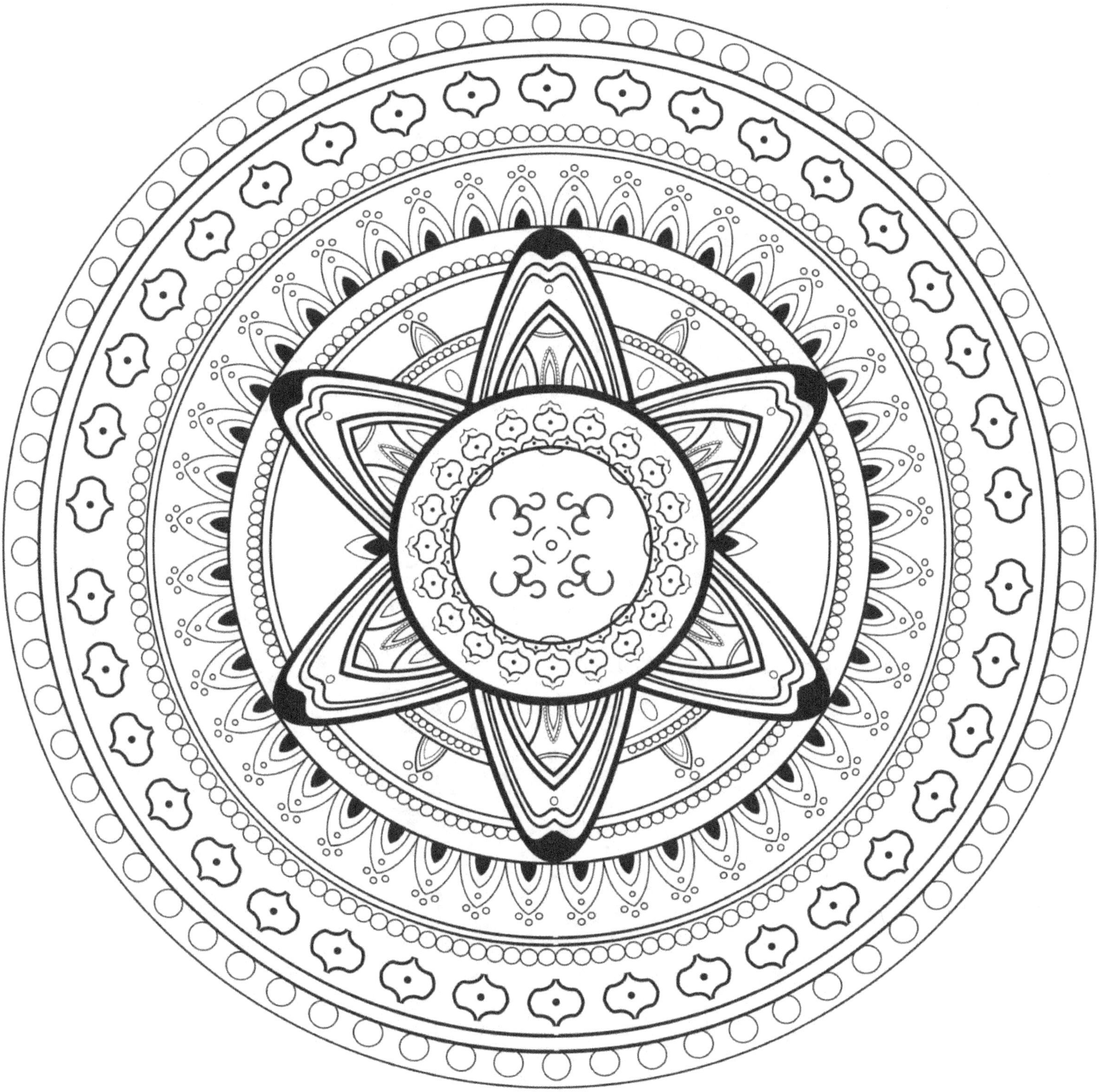

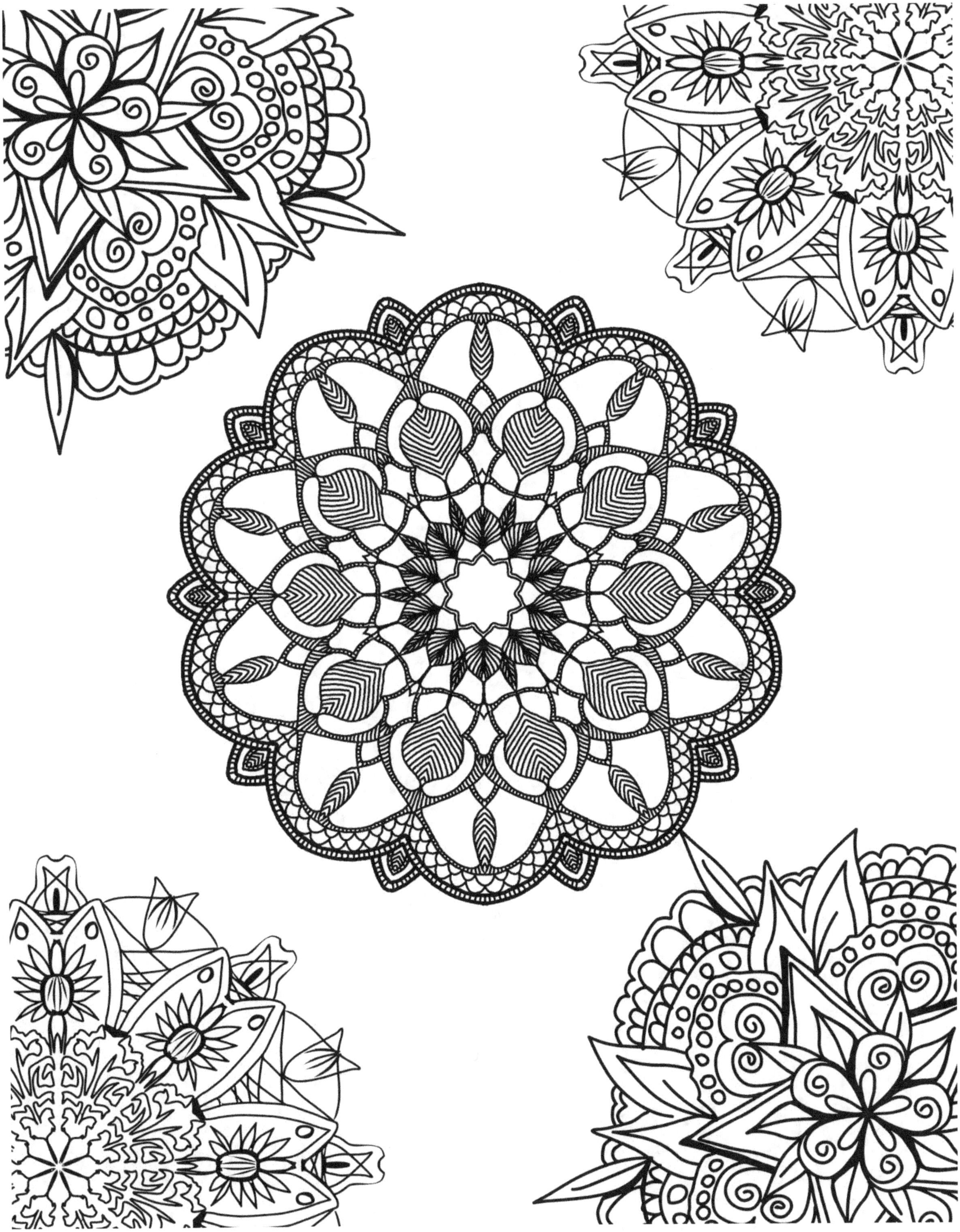

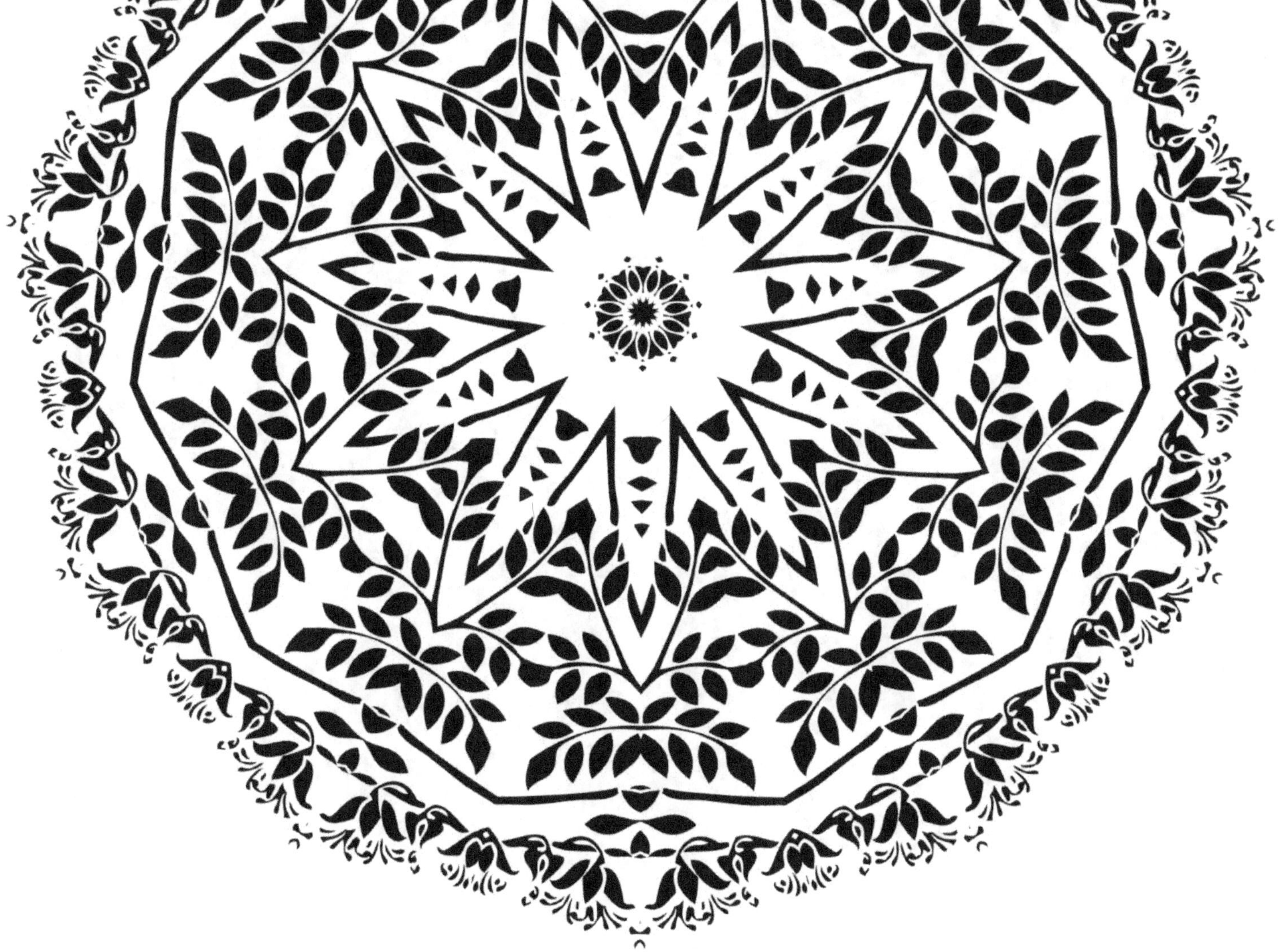

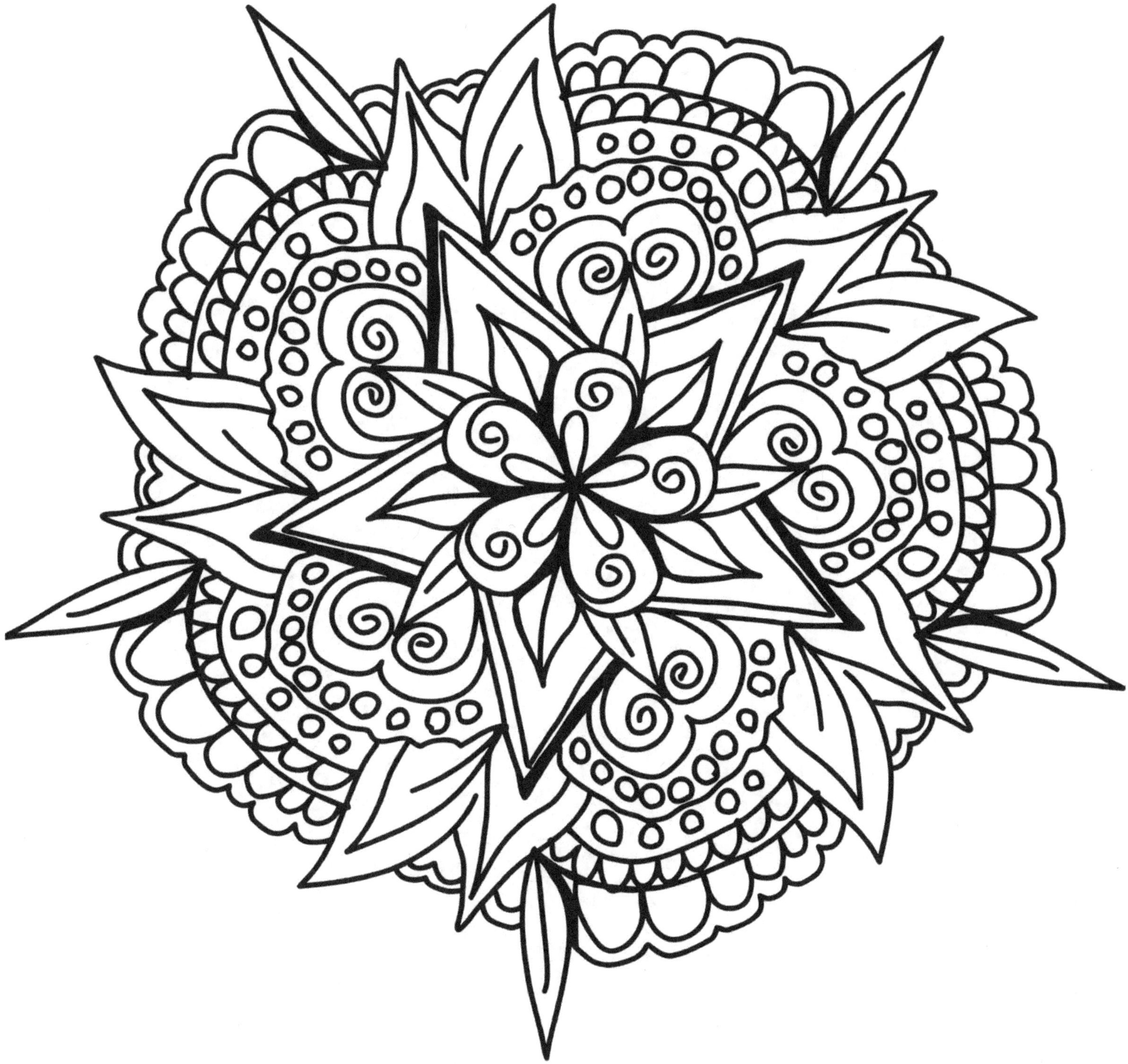

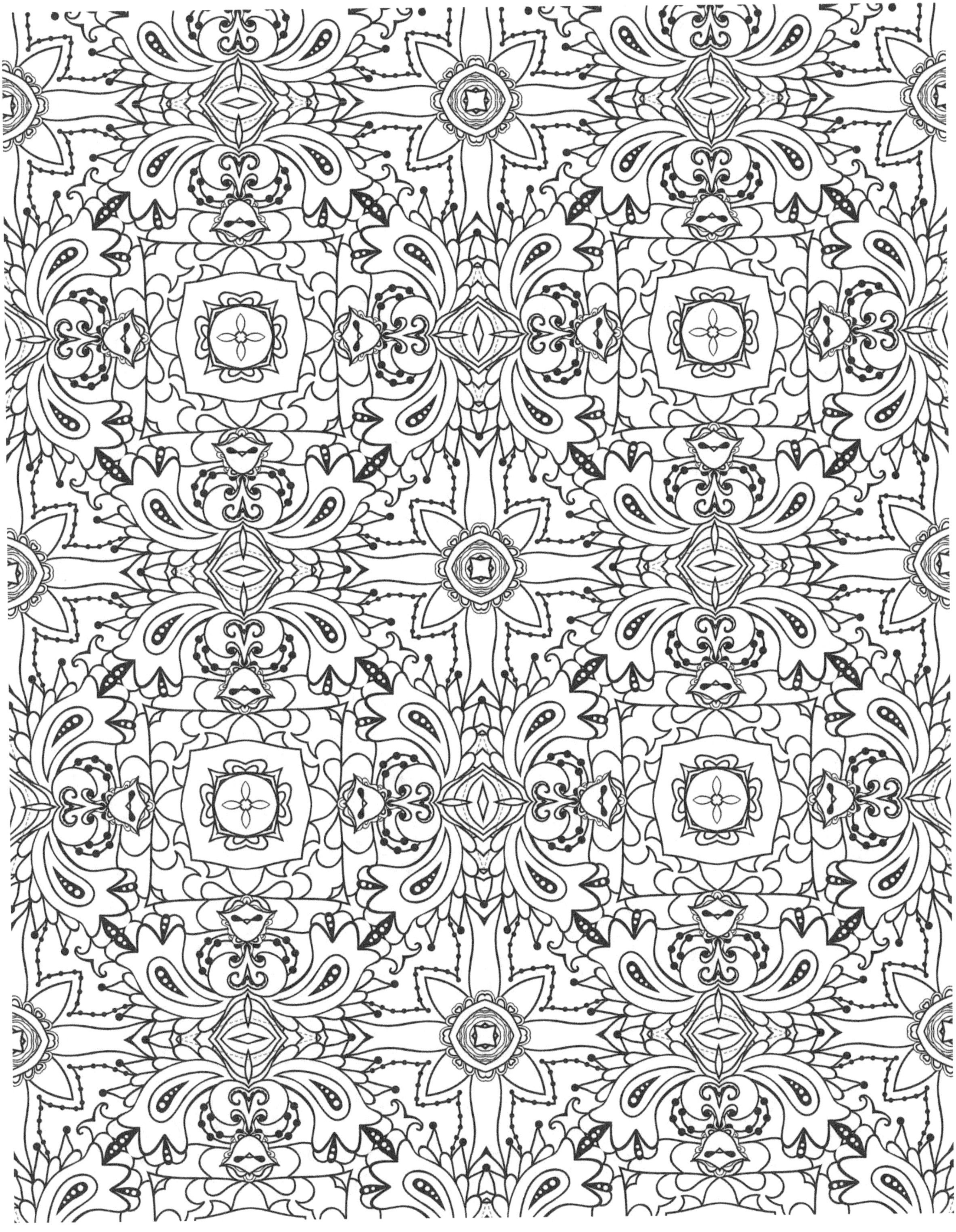

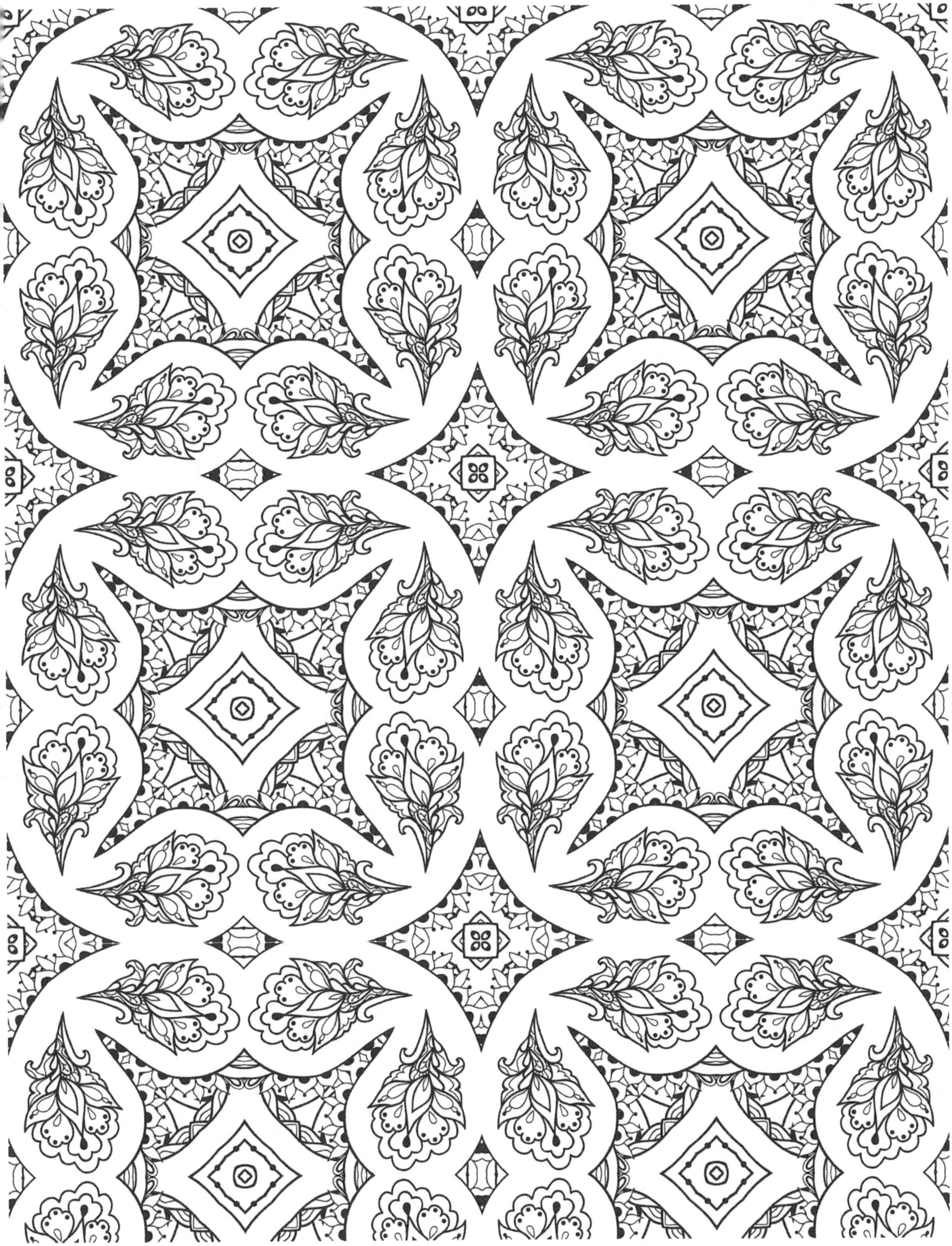

www.ingramcontent.com/pod-product-compliance
Lightning Source LLC
Chambersburg PA
CBHW081103240526
45465CB00026B/3305
* 9 7 9 8 6 6 7 9 7 8 1 1 4 *